Emine Nowotny

Schlemmen ohne Sorgen

Rezepte für ein gesundes Leben

Emine Nowotny

Schlemmen ohne Sorgen:
Histaminarme Köstlichkeiten

Histaminarme Rezepte für Menschen mit
Histaminintoleranz.
Mein persönlicher Weg von den Beschwerden zur
Diagnose und zurück ins Leben.
Dieses Kochbuch bietet nicht nur köstliche, verträgliche
Rezepte, sondern erzählt auch meine inspirierende
Geschichte, wie ich Schritt
für Schritt zu mehr Lebensqualität gefunden habe.

Die Bilder von den Gerichten, die im Buch zu
sehen sind, habe ich selber gemacht.
Es wurde nichts gestellt, so wie ich gekocht habe,
genauso sieht das Gericht auf meinen Teller aus.

"Die Bilder sind extra nicht bearbeitet!"

FSC
www.fsc.org
MIX
Papier aus verantwortungsvollen Quellen
Paper from responsible sources
FSC® C105338

Bibliografische Information der Deutschen Nationalbibliothek:
Die Deutsche Nationalbibliothek verzeichnet diese Publikation in der Deutschen Nationalbibliografie; detaillierte bibliografische Daten sind im Internet über http://dnb.dnb.de abrufbar.

Lektorat: Emine Nowotny
Korrektorat: Emine Nowotny
Weitere Mitwirkende: Keine

Verlag: BoD · Books on Demand GmbH, Überseering 33, 22297 Hamburg, bod@bod.de
Druck: Libri Plureos GmbH, Friedensallee 273, 22763 Hamburg

ISBN: 978-3-8192-8183-9

Inhaltsverzeichnis

Hallo zusammen

Ich bin Emine, 38 Jahre jung, vierfache Mama und mit dem besten Mann der Welt verlobt. Ihr könntet sagen, dass mein Leben ziemlich aufregend ist - und das ist es auch! Aber bevor wir uns in die lustige Welt der Kochkunst stürzen, lasst mich euch ein bisschen mehr über mich erzählen.

Im Oktober 2021 landete ich zum ersten Mal auf der Intensivstation nach einer anaphylaktischen Reaktion. Das ist der medizinische Fachausdruck. "Ich habe mich fast zu Tode erschreckt, weil ich nicht wusste, was mit meinem Körper los ist". In den folgenden zwei Jahren war ich ständige Kundin im Krankenhaus und gab immer mehr Lebensmittel auf, weil ich dachte, ich hätte eine Allergie.

Ich war kurz davor, mich von Luft und Liebe zu ernähren!

Mein damaliger Hausarzt hatte aber eine Eingebung und testete mich auf alles Mögliche.

Die Diagnose?
Histaminintoleranz.

Klingt kompliziert, oder? Und das war es auch.
Ich musste fast alle Lebensmittel weg
lassen und nach und nach neue einführen, alles
aufschreiben, nachlesen und so weiter. Es war wie bei
einem Detektivspiel, nur dass der Einsatz meine
Gesundheit war.

Das Schlimmste war allerdings, dass ich eine
regelrechte Panik vor Essen entwickelt hatte.
Ja, ihr habt richtig gehört, ich hatte Angst
vor Essen! Aber ich habe mich dieser Herausforderung
gestellt und nun möchte ich euch meinen Weg zeigen.
Ich möchte meine Erfahrungen teilen, auch die
schlechten und natürlich meine Rezepte
und Küchenutensilien.

Also, liebe Freunde, schnallt euch an und macht euch
bereit für eine Achterbahnfahrt der Aromen, Geschmäcker
und manchmal auch der
Angst. Aber denkt immer daran: Ihr seid nicht alleine.
Wir sind in diesem verrückten Kochabenteuer zusammen!

Kapitel 1
Wie eine fehlende Wand und ein Sushi mein Leben auf den Kopf stellte

Also, da saß ich, mitten in unserem Wohnzimmer, das zu dieser Zeit eher einer Baustelle glich.
Überall stapelten sich Werkzeuge, Kabel hingen aus der Decke und eine ganze Wand fehlte.
Ja, ihr habt richtig gehört, eine ganze Wand!
Wir hatten uns nämlich entschieden, die Außenwand neu aufzubauen. Es war ein herrliches Durcheinander, ich sag's euch!

Ich hatte mir einen kleinen Freiraum zwischen Sägen und Bohrmaschinen geschaffen, um mein geliebtes Sushi zu essen.
Ihr müsst verstehen, inmitten von all dem Renovierungschaos war das mein kleiner Moment der Ruhe. Ein bisschen so, als würde man im Auge des Sturms picknicken.

Nur Minuten nachdem ich das letzte Stück Sushi verschlungen hatte, begannen die Symptome. Pusteln, Juckreiz, Schluckprobleme - die ganze Palette. Und das alles, während die Kinder durch das halb fertige Wohnzimmer tobten und die Baufirma versuchte, die neue Wand hochzuziehen. Es war, als hätte jemand den Wahnsinns-Knopf gedrückt und ihn auf volle Power gestellt.

Die Fahrt zur Intensivstation war wie eine Fahrt in einer Geisterbahn - nur ohne den Spaßfaktor. Aber hey, ich habe es überlebt und kann jetzt darüber lachen. Und das Beste daran? **Die Wand steht jetzt!**
So, jetzt wisst ihr, wie meine Geschichte begann.

Kapitel 2
Von Allergien, Angst und einer Achterbahnfahrt der Emotionen

1,5 Jahre lang hörte ich von den Ärzten immer wieder das gleiche: "Es sind Allergien." Also begann ich, immer mehr Lebensmittel aus meinem Speiseplan zu streichen. Es war, als würde ich ein kulinarisches "**Mensch ärgere Dich nicht**" spielen und immer wieder auf das Feld mit der Allergie-Bombe kommen.

Während ich also versuchte, mich durch das Labyrinth der Lebensmittel zu navigieren, entwickelte ich eine immer stärkere Angst vor dem Essen. Stellt euch vor, ihr müsstet jedes Mal, wenn ihr etwas esst, Angst haben, dass euer Körper verrückt spielt. Nicht gerade einladend, oder?

Dann kam der Zusammenbruch. Ich wurde so krank, dass mein Leben auf der Kippe stand. Den Boden unter den Füßen zu verlieren ist eine Sache, aber nicht mehr laufen zu können, das war eine ganz andere Geschichte. Es war, als hätte mir jemand den Stecker gezogen und ich war auf dem Weg, das Licht am Ende des Tunnels zu sehen.

Glücklicherweise hatte ich meine Familie und meinen wunderbaren Lebensgefährten an meiner Seite. Sie kümmerten sich um die Kinder und gaben mir die Zeit, die ich brauchte, um mich komplett auf mich zu konzentrieren. Sie waren mein Rettungsring in diesem Sturm und dafür werde ich ihnen immer dankbar sein.

So, liebe Leute, das war der nächste Teil meiner Geschichte.

Kapitel 3
Ein Hoch auf meine Hausärzte

An dieser Stelle muss ich eine Pause einlegen und meinen Hausärzten eine Standing Ovation geben. Sie waren wirklich die **Superhelden** in meiner Geschichte.
Sie haben mich unterstützt, eine Reha beantragt, weiter geforscht und letztendlich die Diagnose gestellt.
Sie waren wie **Sherlock Holmes und Dr. Watson**, nur mit Stethoskop und Blutdruckmanschette.

Aber das Beste an ihnen war, dass sie mich nie haben fallen lassen. Sie haben meine Ängste ernst genommen und verstanden, dass ich nicht nur eine Patientin mit seltsamen Symptomen war, sondern eine Frau, die Angst hatte. Sie standen hinter mir wie eine unerschütterliche Mauer und gaben mir das Gefühl, dass ich nicht alleine war.

Also, liebe Freunde, hier ist mein großes Dankeschön an meine Hausärzte: Ihr seid die Besten! Eure Geduld, euer Verständnis und eure Unterstützung haben mir geholfen, durch diese schwierige Zeit zu kommen. Ohne euch wäre ich heute nicht hier und könnte nicht diese verrückte Geschichte erzählen.

So, jetzt, wo ich meiner Dankbarkeit Ausdruck verliehen habe, geht es weiter mit meiner Geschichte.

Kapitel 4
Die unerwünschten Urlaube: Meine Krankenhausaufenthalte

Inmitten all dieser Abenteuer gab es noch eine zusätzliche Herausforderung: **die Krankenhausaufenthalte.**
Ja, meine lieben Leser, ich habe in dieser Zeit mehr Krankenhauszimmer von innen gesehen als ich zählen kann. Sie waren wie unerwünschte Urlaube, nur ohne Sonne, Strand und Cocktails.

Jeder Aufenthalt war eine Achterbahnfahrt der Gefühle. Die Unsicherheit, die Angst, die Hoffnung - sie alle spielten ein ständiges Tauziehen in meinem Kopf. Es war, als würde ich einen Marathon laufen, nur ohne Ziellinie in Sicht.

Aber trotz all der Herausforderungen und Schwierigkeiten, waren diese Aufenthalte auch eine Zeit des Lernens. Ich habe gelernt, geduldig zu sein und vor allem, auf meinen Körper zu hören.

Zum Glück hatte ich während dieser Aufenthalte immer meine Familie an meiner Seite. Sie waren meine Cheerleader, meine Tröster und manchmal auch meine **Aufpasser**, wenn ich versuchte, den Ärzten zu entkommen.

Also, ihr Lieben, auch wenn die Krankenhausaufenthalte kein Zuckerschlecken waren, haben sie doch dazu beigetragen, dass ich heute hier bin, diese Geschichte erzähle und euch hoffentlich zum Lachen bringe.

Urlaub im Krankenhaus

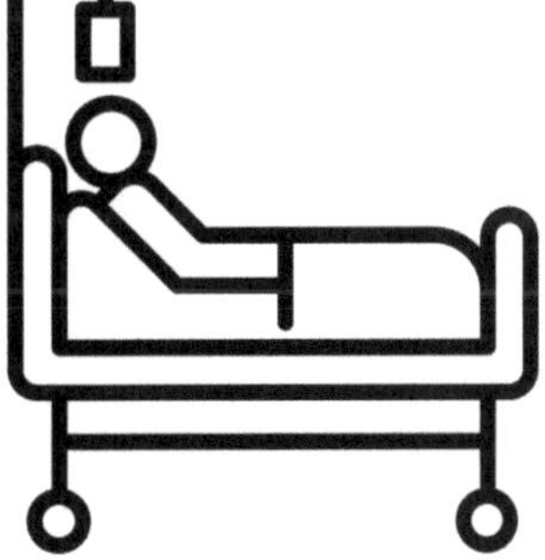

Kapitel 5
Die Diagnose und ein Kur-Aufenthalt mit gemischten Gefühlen

Im Sommer 2023, nach unzähligen Arztbesuchen, Tests und schlaflosen Nächten, kam endlich die **Diagnose: Histaminintoleranz**.
Es war, als hätte jemand endlich das Licht am Ende des Tunnels eingeschaltet. Plötzlich gab es einen Namen für all die unerklärlichen Symptome, die ich hatte.

Kurz nach der Diagnose ging ich mit meinen Kindern zur Kur. Ich hatte gehofft, dort mehr über meine Erkrankung zu erfahren und Wege zu finden, damit umzugehen. Leider war das nicht der Fall. Histaminintoleranz ist noch weit davon entfernt, in allen Gesundheitszentren anerkannt und verstanden zu werden. Es war, als würde ich versuchen, in einer Bibliothek ein Buch zu finden, das noch nicht geschrieben wurde.

Trotzdem habe ich zwei wichtige Dinge aus der Kur mitgenommen. Das erste ist das **wöchentliche Wiegen**.
Ich weiß, das klingt vielleicht seltsam,
aber für mich war es ein Weg, meinen Körper und seine Reaktionen besser zu verstehen.
Das zweite ist meine **Küchenmaschine**. Dieses kleine Küchenwunder hat meine Art zu kochen völlig verändert und mir geholfen, meine Ernährung trotz meiner Histaminintoleranz abwechslungsreich und lecker zu gestalten.

Also, liebe Freunde, auch wenn meine Kur nicht das war, was ich erwartet hatte, habe ich doch etwas daraus gelernt.
Und eines davon ist, dass man manchmal die Dinge selbst in die Hand nehmen muss.

Kapitel 6
Die Suche nach Antworten: Mein Tauchgang in die Welt der Histaminintoleranz

Nachdem die Diagnose gestellt war, begann ich wie besessen, Bücher über Histaminintoleranz zu kaufen. Ich verschlang sie wie ein hungriger Löwe, der endlich seine Beute gefunden hatte. Ich suchte im Internet nach Informationen über Histamin in Lebensmitteln, in Obst und Gemüse, in Fleisch und natürlich über die Histaminliberatoren.

Für diejenigen unter euch, die jetzt verwirrt sind: **Histaminliberatoren sind Substanzen, die die Freisetzung von Histamin aus Mastzellen im Körper auslösen, ohne selbst Histamin zu enthalten** - quasi die Übeltäter in meiner Geschichte. Aber es stellte sich heraus, dass einige Lebensmittel neben den Liberatoren auch andere Stoffe (**biogene Amine**) enthalten, die den Abbau von Histamin im Körper verhindern. Es war, als würde ich versuchen, einen Tresor zu knacken, der ständig die Kombination ändert.

Diese Recherche hat meine Küche in ein wissenschaftliches **Labor** verwandelt. Ich schrieb Listen, erstellte Tabellen und zeichnete Diagramme, um zu verstehen, welche Lebensmittel ich essen konnte und welche ich vermeiden sollte.
Es war wie ein **kulinarisches Sudoku**, nur mit höheren Einsätzen.

Also, liebe Freunde, wenn ihr das nächste Mal in einer Buchhandlung seid und ein Buch über Histaminintoleranz seht, denkt an mich und mein wildes Abenteuer.

Kapitel 7
Das Informationschaos und die gefährlichen Versprechungen des Internets

Lasst uns mal ehrlich sein:
Die ganzen Informationen, die man online findet oder in Büchern nachliest, können einen wirklich kirre machen.
Mein Kopf war wie ein **Browser**
mit zu vielen offenen Tabs - es war einfach zu viel!
Und dann gibt es da noch die Online-Seiten, die einem sagen: "Kauf dies, kauf jenes, das hilft dir."

Ich muss ehrlich sein: Davon halte ich gar nichts. Es gibt immer Menschen, die schwören, dass ihnen dieses oder jenes geholfen hat, aber von alledem ist nichts wirklich wissenschaftlich bestätigt.
Es ist, als würde man versuchen, einen Zaubertrank zu brauen, ohne zu wissen, was die Zutaten bewirken.

Deshalb lasse ich komplett die Finger von solchen Versprechungen. Ich rate jedem, nicht blindlings zu vertrauen. Es ist wichtig, sich gut zu informieren, aber man sollte immer kritisch bleiben und nicht vergessen, auf seinen eigenen Körper zu hören.

Also, ihr Lieben, seid vorsichtig mit den Informationen, die ihr findet, und glaubt nicht alles, was ihr lest. Eure Gesundheit ist zu wichtig, um sie aufs Spiel zu setzen.

Immer vorsichtig sein

Kapitel 8
Die harte Realität: Mein Leben ohne Histamin

Jetzt zurück zum eigentlichen Thema. Ich fing an, komplett auf histaminreiche Lebensmittel zu verzichten. Dieses Experiment zog ich **vier Wochen** durch. Es war furchtbar. Ich weinte oft. Es war qualvoll, alle anderen beim Essen zusehen zu müssen. Die leckeren Gerüche, die durch das Haus zogen, machten mich fertig.

Oft wurde ich launisch und zickte meine Familie an. Ich wollte mich verkriechen und einfach nur heulen. Alles, was ich liebte, war nun verboten. Die Gedanken kamen immer wieder: **"Warum ich?"** Ich konnte nirgendwo mehr hingehen. Ich fühlte mich zu Hause wie eingesperrt. Mein Leben war scheiße, da gab es nichts zu beschönigen.

Diese Zeit war wie ein dunkler Tunnel, in dem kein Licht zu sehen war. Aber trotz all des Kummers und der Verzweiflung gab ich nicht auf. Ich wusste, dass ich einen Weg finden musste, um mit meiner Histaminintoleranz zu leben. Und so begann meine Reise in die Welt der histaminarmen Ernährung.

Kapitel 9
Neue Wege: Das Experimentieren mit histaminarmen Lebensmitteln

Nach diesen vier Wochen der Abstinenz fing ich an, neue Lebensmittel einzuführen. **Kartoffeln, Putenbrust und Möhren** standen zuerst auf meinem Speiseplan und kurz darauf kam Blumenkohl dazu. Ihr müsst wissen, dass man normalerweise alle vier bis fünf Tage ein neues Lebensmittel ausprobieren sollte. Aber meine Angst war so groß, dass es oft bis zu **drei Wochen dauerte**, bis ich den Mut fand, etwas Neues zu probieren.

Die wichtigste Regel war, dass alles frisch sein musste. Fertigsoßen und ähnliches waren tabu. Das Essen war in den ersten Monaten natürlich ziemlich trocken und fad. Aber mit der Zeit entwickelte ich Gerichte und experimentierte mit Soßen, um etwas Abwechslung in meine Mahlzeiten zu bringen.

Es war wie das Lösen eines Puzzles, bei dem man nicht weiß, wie das fertige Bild aussieht. Aber Stück für Stück fand ich heraus, was ich vertrage und was nicht. Und obwohl es manchmal frustrierend war, war es auch auf eine seltsame Art und Weise aufregend. Denn mit jedem neuen Lebensmittel, das ich vertrug, eröffnete sich eine Welt neuer Möglichkeiten für mich.

Kapitel 10
Endlich, die Rezepte

Ich kann mir vorstellen, dass ihr langsam genug von meinen Erzählungen habt und nur darauf wartet, endlich die Rezepte zu sehen. Ihr habt schließlich dieses Buch gekauft, um neue Gerichte auszuprobieren und nicht, um nur meine Lebensgeschichte zu lesen, oder?

Nun gut, ich will euch nicht länger auf die Folter spannen. Ich werde nun die ersten Rezepte verraten und hoffe, dass sie euch genauso gut schmecken wie mir. Aber bitte vergesst nicht: **Jeder Mensch ist anders und reagiert anders auf bestimmte Lebensmittel.**

Dieses Buch kann euch das Austesten leider nicht ersparen. **Ihr müsst diesen Weg genauso gehen wie ich.** Aber ich verspreche euch, dass es sich lohnen wird. Denn nichts ist befriedigender, als ein leckeres Gericht zu kreieren, das ihr ohne Sorge genießen könnt.

Also, liebe Freunde, schnappt euch eure Kochlöffel und macht euch bereit für eine kulinarische Reise in die Welt der histaminarmen Ernährung. **Es wird lecker!**

Rezept 1
Körniger Frischkäse mit Salatgurke

- 1 Salatgurke
- 200g körniger Frischkäse
- Tafelsalz
- Weißer Pfeffer

Zubereitung:

1. Zuerst die Salatgurke schälen und abwaschen.
2. Die Gurke halbieren und die Kerne mit einen Teelöffel entfernen.
3. Die Gurke dann mit einer Reibe in Streifen reiben.
4. Den körnigen Frischkäse in einer Schüssel mit den Gurkenstreifen vermischen.
5. Zum Schluss das Ganze mit Tafelsalz und weißen Pfeffer würzen.

Ein einfaches und schnelles Rezept, das nicht nur lecker, sondern auch histaminarm ist!

Guten Appetit!

Rezept 2
Frischkäse mit Lauch

- 1 Stange Lauch
- 200g Frischkäse
- Tafelsalz
- Weißer Pfeffer

Zubereitung:

1. Den Lauch in Viertel schneiden und unter fließendem Wasser gründlich waschen, um alle Sand- und Erdreste zu entfernen.
2. Den gewaschenen Lauch abtropfen lassen und dann in eine Schüssel geben.
3. Den Frischkäse hinzufügen und alles gut vermischen, bis der Lauch gleichmäßig mit dem Frischkäse bedeckt ist.
4. Mit Tafelsalz und weißen Pfeffer nach Geschmack würzen.

Als Brotaufstrich, oder als Dip für Gemüsesticks! Gern auch mit Lauchzwiebeln zubereiten!

Rezept 3
Körniger Frischkäse mit Mango

- 1 reife Mango
- 200g körniger Frischkäse

Zubereitung:

1. Die Mango schälen und in kleine Stücke schneiden.
2. Den körnigen Frischkäse mit der Mango in eine Schüssel geben.
3. Beides gründlich mit einer Gabel vermengen.

Auch als Brotaufstrich oder als ein leichtes Dessert!

Rezept 4
Milchreis mit Apfelmus

- 1 Liter Mandelmilch
- 250g Milchreis
- Apfelmus (nur mit Ascorbinsäure)
- Butter
- Zucker

Zubereitung:

1. 2 Esslöffel Butter in einen großen Topf erhitzen.
2. Milchreis dazugeben und kurz anbraten.
3. 6 Esslöffel Zucker dazu geben und verrühren.
4. Mandelmilch dazu geben und unter ständigem Rühren 15 Minuten kochen lassen.
5. Die Hitze auf ein Minimum reduzieren und 45 Minuten unter ständigem Rühren köcheln lassen.

Ob warm oder kalt, ein leckeres Frühstück, aber auch als Dessert zu empfehlen. Wahlweise auch mit Kirschen oder Mango.

Rezept 5
Selbstgemachtes Dinkelbrot

- 1 Kg Dinkelmehl
- 2 Teelöffel Tafelsalz
- 400 ml Mandelmilch
- 400 ml Wasser
- 2 Packungen Weinsteinbackpuler
- 60 g Butter
- 2 Brotformen

Zubereitung:

1. Alle Zutaten in die Schüssel geben und mit den Mixer zu einem Teig verarbeiten.
2. Die Brotformen mit Backpapier auslegen und den Teig einfüllen.
3. Die Brote zunächst 15 Minuten bei 200 Grad “Umluft” backen.
4. Danach die Temperatur auf 180 Grad reduzieren und weitere 35 Minuten backen.

**Ihr könnte auf das Brot noch Kürbiskerne geben.
Auch als Beilage zu den Mahlzeiten ein Genuss!**

Rezept 6
Selbstgemachtes Käsebrot

- 500 g Dinkelmehl
- 1 Teelöffel Tafelsalz
- 200 ml Mandelmilch
- 200 ml Wasser
- 30 g Butter
- 1 Packung Weinsteinbackpulver
- 400 g Junger Gouda in Scheiben

Zubereitung:

1. Alle Zutaten in eine Schüssel geben und mit dem Mixer zu einen Teig verarbeiten.
2. Die Brotform mit Backpapier auslegen.
3. Den Boden und die Seiten der Brotbackform mit Käsescheiben belegen.
4. Der Teig kann nun vorsichtig in die Form gegeben werden.
5. Nun wird oben der Käse umgeklappt und weiterer Käse drauf gelegt.

6. Das Brot wird nun bei 200 Grad “Umluft” 15 Minuten gebacken.
7. Danach wird die Temperatur auf 180 Grad reduziert und weitere 45 Minuten gebacken.

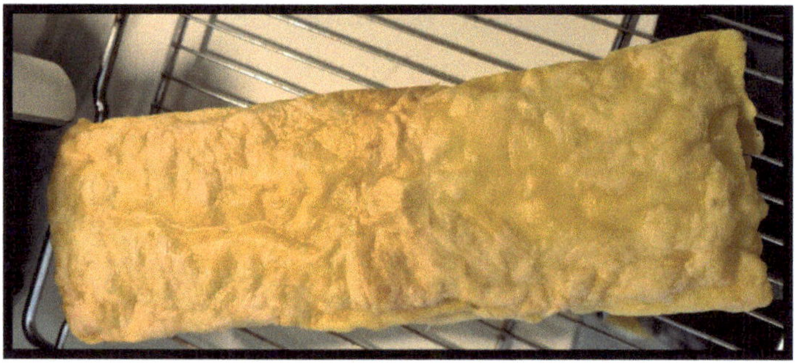

Ein Genuss für jeden Käseliebhaber!

Vorsicht, nicht jeder verträgt Gouda, ansonsten Butterkäse verwenden!

Kapitel 11
Mehr als nur Lebensmittel – Der ganze Histamin-Jazz

Bamm! Da war es – das Aha-Erlebnis. Ich dachte, ich hätte den Dreh raus mit der Histaminintoleranz und dann – WHAM – kommt die nächste Überraschung um die Ecke. Es geht nicht nur ums Essen, Leute! Nope, die Party findet auch in anderen Bereichen statt.

Beauty-Produkte? Check! Waschpulver? Check! Medikamente? Doppelter Check!
Sie alle können den Histamin-Leveln eine heiße Sohle aufs Parkett legen und die Tanzfläche, also unseren Körper, zum Beben bringen.

Parfümierte Lotionen und Tinkturen können auf der Haut ein wahres Feuerwerk an Reizungen entfachen. Die Lösung? Einfach mal die Nase in den Wind halten und nach Produkten schnüffeln, die ohne diesen ganzen Duftkram auskommen.

Und Waschpulver? Oh boy, einige davon haben genug Chemie im Gepäck, um eine Mini-Rakete zu starten. Also habe ich die Notbremse gezogen und bin auf Persil umgestiegen.

Und dann sind da noch die Medikamente – wer hätte gedacht, dass selbst sie die **Histamin-Party** crashen können? Also, immer den **Arzt oder Apotheker** mit ins Boot holen, bevor man sich auf neues Medikamenten-Terrain begibt.

Ja, das Leben mit Histaminintoleranz kann manchmal wie eine Karussellfahrt sein. **Aber hey, wir sind alle zusammen in diesem Karussell.** Also schnallen wir uns an und machen das Beste daraus – mit einem Lächeln im Gesicht und dem Wissen, dass wir nicht alleine sind. Rock on!

Kapitel 12
Leben, Lachen und Lieben mit Histaminintoleranz

Histaminintoleranz, oder wie ich es gerne nenne - **meine unaufgeforderte Erlaubnis, beim Essen wählerisch zu sein.** Es ist eine steinige Straße, die ich mit meiner Familie gehe, und ja, es ist manchmal genauso lustig und anstrengend, wie es klingt.

Histaminintoleranz hat unser Leben auf den Kopf gestellt, und ich kann Euch sagen, dass es ziemlich viele "**Ups**" in diesem Prozess gab. Die Anzahl der Male, die wir ein neues Rezept ausprobieren wollten und am Ende etwas komplett Unbekanntes auf unseren Tellern hatten, ist unzählbar. Es gab auch den Moment, als ich feststellte, dass ich sogar auf meine geliebtes **Marzipan** verzichten muss. Ich meine, wer braucht schon Marzipan, oder? (Ich, ich brauche Marzipan!)

Meine Familie hat viel mitgemacht. Sie hatten nicht nur das Vergnügen, meine neuen, exotischen, histaminarmen Gerichte zu probieren (**manche waren Hits, andere eher katastrophal**), sondern mussten auch mit meinen spontanen "histaminischen" Ausbrüchen klarkommen.

Es ist nicht einfach, wenn Mama plötzlich von jetzt auf gleich einen roten Kopf bekommt und anfängt zu niesen. **Aber hey, wenigstens ist es bei uns nie langweilig!**

Und dann ist da noch das grüne Monster des Neids, das gelegentlich auftaucht. Es ist nicht leicht, zuzusehen, wie andere Menschen ohne Bedenken alles essen können, was sie wollen, während ich aufpassen muss, nicht mal versehentlich einen Bissen von etwas "Verbotenem" zu nehmen.

Mein Leben mit Histaminintoleranz ist eine Achterbahnfahrt mit Höhen und Tiefen, aber ich haben gelernt zu lachen, zu lieben und das Beste aus allem zu machen. Denn am Ende des Tages ist es das Lachen, das uns zusammenhält und uns hilft, die Herausforderungen zu meistern. Und wer weiß, vielleicht wird eines Tages ein Wunder passieren und ich werde wieder Marzipan essen können.

Ein Mädchen darf doch träumen, oder?

Kapitel 13
Ausflüge mit der Familie: Eine Mission Impossible?

Familienausflüge? Klar, wer braucht schon spontane Picknicks oder spontane Restaurantbesuche, wenn man stattdessen alles bis ins kleinste Detail planen kann? Das ist doch der wahre Spaß, oder?

Bei uns ist jeder Ausflug wie eine gut geölte militärische Operation. Es erfordert präzises Timing, genaue Vorbereitung und - das Wichtigste - eine Menge Essen, das histaminarm, wetterfest und tragbar ist. Klingt nach einer Herausforderung? Oh, das können Ihr glauben!

Der Einkauf für einen Ausflug ist wie ein Rennen gegen die Zeit. Jeder Artikel muss sorgfältig ausgewählt werden, um sicherzustellen, dass er sicher für mich ist und dass er nicht plötzlich in eine **Histaminbombe** verwandelt. Und dann kommt die Zubereitung. Ich habe Rezepte kreiert, von denen ich nie gedacht hätte, dass sie möglich sind. Wer wusste, dass man mit so wenigen Zutaten so viele verschiedene Gerichte machen kann?

Wetterfestigkeit ist der nächste Punkt auf der Liste. Das Essen muss in der glühenden Sonne überleben können. Ich habe gelernt, dass es erstaunlich ist, was man mit einer guten Kühltasche und ein paar Kühlakkus erreichen kann.

Und dann kommt der Transport. Manchmal fühle ich mich wie ein **Wanderzirkus**, wenn ich mit all meinem Essen, meinen Snacks und meinen Getränken beladen bin. Aber hey, wer braucht schon Fitnessstudio, wenn man eine Familienpicknicktasche schleppen kann?

Und dann, nach all der Planung, Vorbereitung und dem Schleppen, kommen wir an unserem Ausflugsziel an. Und ich kann Euch sagen, es gibt nichts Befriedigenderes, als sich zurückzulehnen, das Essen zu genießen und zu wissen, dass man all die Herausforderungen gemeistert hat.

Kapitel 14
Angst und Panik - Meine doppelten Begleiter

Angst und Panik. Zwei Wörter, die ich vor meiner **Histaminintoleranz** nur aus Büchern und Filmen kannte.
Jetzt sind sie meine ständigen Begleiter, bei denen ich manchmal denke, ich sollte ihnen Namen geben und sie zu offiziellen **Familienmitgliedern** machen.

Es ist nicht nur die Angst vor dem Essen, obwohl das schon eine große Sache ist.
Jedes Mal, wenn ich einen Bissen nehme, ist da dieses flaue Gefühl im Magen.
"Wird es wieder eine Reaktion geben? Vertrage ich das wirklich?"
Selbst eine simple Tomate kann mich in Schweißausbrüche versetzen. Wer hätte gedacht, dass ein gesundes Gemüse zu einer solchen Bedrohung werden kann?
Aber es geht weit über das Essen hinaus.

Meine Angst hat sich in jeden Bereich meines Lebens eingenistet.
Körperkontakt mit meinen Kindern, etwas auf meine Haut auftragen, ja selbst meine geliebte Haarpracht färben - alles ist mit der Angst vor Reaktionen verbunden.

Das Kuscheln mit meinen Kindern zum Beispiel. Früher war es eines meiner Lieblingsdinge, jetzt ist es wie ein **Minenfeld**.
Ich frage mich ständig: “Was haben sie angefasst? Was haben sie gegessen?”
Es ist, als hätte ich plötzlich Superkräfte entwickelt, aber anstatt Röntgenblick oder Unverwundbarkeit, kann ich unsichtbare Histamin - Minen sehen.

Und Haare färben?
Vergesst es! Lieber lebe ich mit einem fahlen Grauschleier auf meinem Kopf, als die Angst vor einer Reaktion auszustehen.

Selbst die harmlosesten **Alltagsgegenstände** wie Zahnpasta, Deo oder Feuchtigkeitscremes sind zu potenziellen Bedrohungen geworden.
Sobald ich ein Produkt finde, das ich vertrage, klammere ich mich daran wie an einen **Rettungsring**.
Denn wenn es aus den Regalen verschwindet, brechen bei mir Panikattacken aus.

Und dann sind da noch die Reisen und Ausflüge.
Im September steht ein Seminar in Bayern an, und die bloße Vorstellung lässt mich schwitzen.
Wie soll ich dort, ohne meine sichere Umgebung zurecht kommen?

Die Angst begleitet mich überall hin und scheint einfach nicht weggehen zu wollen.
Aber trotz all dieser Ängste und Panikanfälle weigere ich mich, aufzugeben. Jeden Tag kämpfe ich gegen diese unsichtbaren
Dämonen an.

Ich **lache** darüber, ich mache **Witze** darüber, ich konfrontiere sie.
Denn am Ende des Tages bin ich stärker als meine Ängste. Und das ist die Botschaft, die ich Euch mitgeben möchte.
Ja, die Angst ist real. Ja, es ist verdammt hart. Aber man darf sich nicht von ihr besiegen lassen.
Man muss kämpfen, lachen und vor allem **leben**.
Denn das Leben ist zu kurz, um es in Angst zu verbringen.
Auch wenn die Angst manchmal wie ein ständiger, nerviger Begleiter ist, der nicht aufhört, einen zu ärgern.

Rezept 7
Nudelsalat Variante 1 - Ein Fest für die Sinne

- 500 g Dinkelnudeln
- 1 Salatgurke
- 1 rote Paprika
- 1 weiße Zwiebel
- 1 kleine Dose Mais
- 1 Eisbergsalat
- Rapsöl
- Tafelsalz
- weißer Pfeffer

Zubereitung:

1. Nudeln nach Anweisung auf der Packung kochen.
2. Zwiebel schälen, waschen und in dünne Ringe schneiden.
3. Gurke schälen, waschen und in kleine Würfel schneiden.
4. Mais abgießen und waschen.
5. Eisbergsalat und Paprika klein schneiden und waschen.
6. Nudeln abgießen und kurz abkühlen lassen.

7. Für das Dressing, Öl und Gewürze mischen. (Ich liebe es kräftiger, daher benutze ich mehr Pfeffer)
8. Nun alle Zutaten mit den Dressing mischen.

Warm oder kalt immer ein Genuss!
Aus diesen Grundsalat könnt Ihr nun andere Salate kreieren!

Rezept 8
Erfrischender Kartoffelsalat

- 500 g Kartoffeln
- 1 weiße Zwiebel
- 1 Gurke
- Rapsöl
- Tafelsalz
- Weißer Pfeffer

Zubereitung:

1. Kartoffeln schälen, in mundgerechte Stücke schneiden, waschen und dann kochen bis sie weich sind.
2. Zwiebel schälen, in kleine Würfel schneiden und waschen.
3. Gurke schälen, in Würfel schneiden und danach waschen.
4. Für das Dressing, 4 Esslöffel Rapsöl mit Tafelsalz und weißen Pfeffer mischen.
5. Nun alles zusammen in einer Schüssel vermengen.

Auch als Beilage für andere Gerichte!

Rezept 9
Fleisch-Nudelsalat - Eine herzhafte Variante

- 500 g Dinkelnudeln
- 1 rote paprika
- 1 Salatgurke
- 1 kleine Dose Mais
- 1 weiße Zwiebel
- 1 Eisbergsalat
- 250 g Rindfleisch, Puten- oder Hähnchenfleisch
- Rapsöl
- Weißer Pfeffer
- Tafelsalz

Zubereitung:

1. Fleisch in mundgerechte Stücke schneiden und anbraten.
2. Die Dinkelnudeln nach Packungsanweisung kochen.
3. Paprika in Würfel schneiden und waschen.

4. Gurke und Zwiebel schälen, in Würfel schneiden und waschen.
5. Mais abgießen und waschen.
6. Eisbergsalat klein schneiden und gründlich waschen.
7. Für das Dressing 6 Esslöffel Rapsöl mit Tafelsalz und weißen Pfeffer mischen.
8. Nun alles zusammen in einer großen Schüssel vermengen.

Dieser Salat schmeckt warm besonders gut.
Als Hauptgericht oder auch als Zwischenmahlzeit!
Wie gesagt, das Grundrezept ist variabel.

Rezept 10
Einfacher Eisbergsalat mit Creme fraiche Dressing

- 1 Eisbergsalat
- 1 Becher Creme fraiche
- Rapsöl
- Tafelsalz
- Weißer Pfeffer
- Paprika edelsüß

Zubereitung:

1. Eisbergsalat klein schneiden und waschen.
2. Für das Dressing 1 Becher Schmand mit 3 bis 5 Esslöffel Rapsöl vermengen. Danach Salz, Pfeffer und etwas Paprikapulver dazu geben und ründlich vermengen.

Lecker zu Fleischspießen.
Salat kann als Beilage zu anderen Gerichten, gereicht werden.

Auch dieser Salat ist variabel!

Rezept 11
Hähnchen-Reis-Salat: Ein Festmahl für den Gaumen

- 250g Reis
- 1 Salatgurke
- 1 kleine Dose Mais
- 1 rote Paprika
- 1 weiße Zwiebel
- 250g Hähnchen- oder Putenbrust
- Rapsöl
- Tafelsalz
- Weißer Pfeffer

Zubereitung:

1. Beginne damit, den Reis zu waschen und nach der Anleitung auf der Packung zu kochen.
2. Das Fleisch in mundgerechte Stücke schneiden und in etwas Rapsöl anbraten, bis es durchgegart ist.
3. Die Salatgurke schälen, in dünne Scheiben schneiden und gründlich waschen.

4. Die rote Paprika in mundgerechte Stücke schneiden und ebenfalls waschen.
5. Dose Mais öffnen, abgießen und waschen.
6. Die Zwiebel schälen und in dünne Scheiben schneiden, danach gründlich waschen.
7. Für das Dressing, 6 Esslöffel Rapsöl mit Tafelsalz und weißen Pfeffer mischen. Das Dressing sollte gut gewürzt sein.
8. Reis, Fleisch und das Dressing dazu geben und alle Zutaten gründlich vermengen.

Dieser Salat ist reich an Geschmack und ist perfekt als Hauptgericht oder als zwischen Mahlzeit.
Je nach Geschmack kann dieser Salat warm oder kalt gegessen werden.

Kapitel 15
Mein Körper malt mit Histamin - Ein humorvoller Blick auf die Symptome

Histaminintoleranz ist ein Kunstwerk, das mein Körper auf ganz spezielle Weise zu schätzen scheint. Bei mir fängt das Ganze immer auf der Brust an. **Stellt Euch vor, meine Haut ist eine weiße Leinwand und das Histamin ist die Farbe. Der Künstler? Mein Immunsystem**. Das Ergebnis? Ein abstraktes Gemälde aus roten Flecken und Pusteln.

Es beginnt mit meiner Brust, die sich mit kleinen Pusteln schmückt, als ob sie sich für ein Punk-Konzert vorbereitet. Es sieht aus, als ob sie versucht, den neuesten Modetrend zu setzen: Der "**Punk-Pustel-Look**". Ein Trend, den ich nicht unbedingt weiterempfehlen würde.

Dann macht meine Stirn mit und fängt an, rot zu werden. Es ist, als ob sie sich dachte: "Wenn die Brust Punk ist, dann kann ich auch Erdbeere sein!"

Und so bekommt sie kleine rote Pusteln, die zusammen mit der Röte aussehen wie eine Erdbeere.

Meine Nase gesellt sich dann zur Erdbeer-Party und vervollständigt den Look. Sie scheint zu denken, dass sie als Erdbeere viel hübscher aussieht. Und wer bin ich schon, um ihr das zu verwehren?

Was ich damit sagen will: Mein Körper hat eine ganz eigene Art und Weise, mir zu sagen, dass ich zu viel Histamin im Körper habe. Und obwohl ich diesen außergewöhnlichen Kunststil nicht immer zu schätzen weiß, habe ich gelernt, ihn als wichtigen Hinweis zu sehen.

Und trotz der Pusteln und der Erdbeer-Stirn, habe ich gelernt, mit Humor auf meine Histaminintoleranz zu blicken. Denn wenn ich nicht darüber lachen kann, dann kann ich nur noch weinen. Und wer will das schon? Also, lacht mit mir und lasst uns gemeinsam das **Kunstwerk** "Histamin" betrachten!

Lachen ist die beste Medizin!

Kapitel 16
Trockene Füße und das Histamin-Mysterium

Stell euch vor, ihr wacht auf und eure Füße sind trocken.
Also, ich meine wirklich trocken.
Trockener-als-ein-Keks-trocken.

Nun, meine Freunde, die Antwort könnte euch überraschen.
Es hat mich definitiv überrascht. Tatsächlich kann der Übeltäter hier - Ihr ahnt es schon - Histamin sein!
Ja, ihr habt richtig gehört, Histamin kann tatsächlich trockene Füße verursachen.
Wer hätte das gedacht?

Das habe ich erst kürzlich herausgefunden und es war eine echte Offenbarung. Ich meine, ich wusste, dass Histamin eine Menge komischer Dinge mit meinem Körper anstellen kann, aber dass es auch meine Füße austrocknet? Das war neu für mich.

Es ist schon verrückt, oder? Aber das ist das Ding mit Histaminintoleranz - es ist ein bisschen wie eine **Wundertüte**,
du weißt nie, was als nächstes kommt. Heute sind es rote Flecken, morgen trockene Füße.

Aber wisst ihr was?
Es hat auch seine Vorteile. Jetzt habe ich eine perfekte Entschuldigung, um regelmäßig eine Fußmassage zu bekommen.

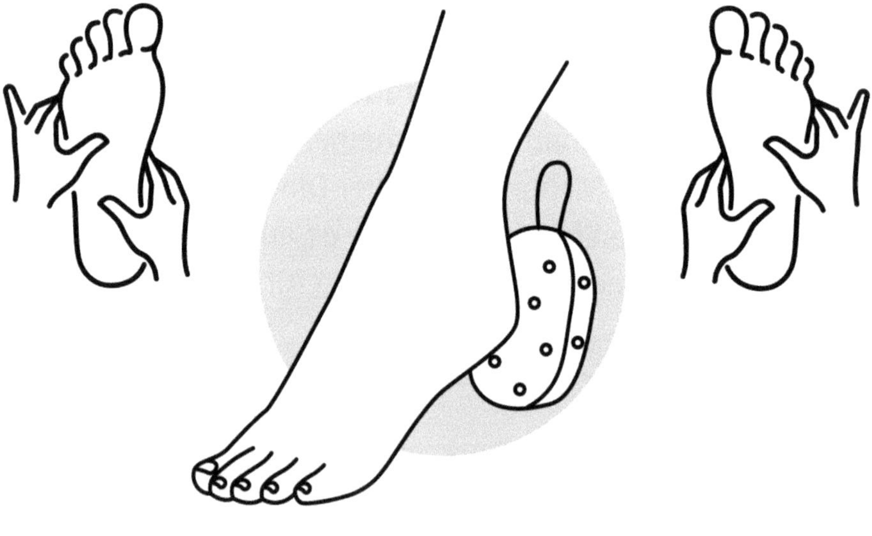

Kapitel 17
Das Rätsel der chronischen Blasenentzündung - ein histaminisches Enigma

Seit ich denken kann, habe ich mit chronischen Blasenentzündungen zu kämpfen. Als kleines Kind schon. Stell dir vor, da bin ich, ein fröhliches kleines Kind, und mein ständiger Begleiter ist eine Blasenentzündung. Nicht gerade der ideale Kindheitsfreund, oder?

Über die Jahre habe ich mich daran gewöhnt. Es war wie ein lästiger Mitbewohner, der nie auszieht. Aber als ich herausfand, dass Histamin der heimliche Strippenzieher hinter meinen wiederkehrenden Blasenentzündungen sein kann, war das eine echte Offenbarung.

Ich meine, wer hätte das gedacht?
Histamin, das für meine rote Erdbeer-Stirn und die Punk-Pustel-Brust verantwortlich ist, könnte auch meine Blasenentzündungen verursachen? Es war, als hätte ich das letzte Stück eines **Puzzles** gefunden, das ich schon mein ganzes Leben lang zusammensetze.

Das erklärt so vieles. Warum ich trotz all der **Antibiotika,** der unzähligen **Arztbesuche** und der vielen **Cranberrysäfte**, die ich getrunken habe, immer wieder Blasenentzündungen bekomme. Es war Histamin, das die ganze Zeit über die Blasenentzündungs-Party in meinem Körper schmiss!

Aber hey, jetzt, wo ich das weiß, kann ich dagegen vorgehen. Ich kann meine Ernährung anpassen, meinen Histaminspiegel im Auge behalten und hoffentlich diese chronischen Blasenentzündungen in den Griff bekommen.

Und das, meine Lieben, ist der Silberstreifen am Horizont.
Es ist nie zu spät, um mehr über unseren Körper zu lernen und Wege zu finden, wie wir besser mit ihm umgehen können. Und wer weiß, vielleicht kann ich eines Tages meinen lästigen Mitbewohner endgültig vor die Tür setzen!

Kapitel 18
"Histamin & Ich"
Ein Tagebuch voller Tränen und Lacher

Wie ihr feststellen konntet, war meine Reise bis hierhin eine Mischung aus Komödie und Drama. Es gab Tränen, es gab Schmerz und ja, es gab sogar Tage, an denen ich Histamin zu meinem Erzfeind erklärt habe. Doch trotz allem bin ich nicht mehr dort, wo ich am Anfang war - am Fuß des schier unüberwindbaren Histamin-Berges.

Ich teile meinen persönlichen Weg nicht, um euch zu sagen: "Folgt mir einfach blindlings, dann wird alles gut." **Oh nein, meine Lieben, so funktioniert das Spiel leider nicht**. Jeder von uns ist ein Unikat, und das gilt auch für unseren Umgang mit Histamin. Was für mich eine sichere Zone ist, könnte für euch der reinste Histamin-Albtraum sein.

Mein Buch ist kein Zauberspruch, der alle Histaminprobleme für immer verschwinden lässt. Es ist eher wie ein Kompass. Er kann euch die Richtung weisen, euch zeigen, wo die Fallstricke liegen und welche Wege ihr einschlagen könntet.

Aber letztendlich müsst ihr euren eigenen Weg finden. Ihr müsst in euren eigenen Tempo vorgehen, euch euren Ängsten stellen und euren eigenen **histaminischen Kampf** führen.

Aber wisst ihr was? Es lohnt sich. Jeder kleine Sieg, jede Erkenntnis bringt euch einen Schritt näher zu einem besseren Verständnis eures Körpers und zu einem gesünderen, glücklicheren Leben.

Also, schnürt die Wanderschuhe, packt den Mut in den Rucksack und macht euch bereit für die Reise eures Lebens. Und vergesst nicht zu lachen. Denn wie das alte Sprichwort sagt: "**Lachen ist die beste Medizin**". Und in unserem Fall könnte es auch die beste Waffe gegen Histamin sein. Also, lacht, lebt und lass Histamin wissen, dass es nicht das letzte Wort hat!

Rezept 12
Gemüsegrundstock

- 150g Tafelsalz
- 100g Sellerie
- 100g Möhren
- 100g Blumenkohl
- 100g Brokkoli
- 100g Lauch
- 100g Weiße Zwiebeln
- 3 saubere sterilisierte Gläser mit Deckel

Zubereitung:

1. Möhren, Sellerie, Zwiebeln und Lauch schälen, waschen und in Stücke schneiden.
2. Blumenkohl und Brokkoli klein schneiden und waschen.
3. Alle Zutaten mit 100g Salz klein pürieren so das eine Paste entsteht.
4. Nun den Grundstock in die sterilisierten Gläser geben, gut zuschrauben und in den Kühlschrank stellen.

**Im Kühlschrank bis zu 4 Monate haltbar!
Für alle Gerichte geeignet!**

Rezept 13
Rinderhackklößchensuppe

- 1 Weiße Zwiebel
- 130g Kartoffeln
- 80g Möhren
- 35g Reis
- 100g Rinderhackfleisch
- Rapsöl
- 550ml Wasser
- Tafelsalz
- Weißer Pfeffer
- Petersilie
- Gemüsegrundstock

Zubereitung:

1. Die Zwiebel schälen, waschen und würfeln. In Rapsöl anbraten und dann 550ml Wasser in den Topf mit den Zwiebeln geben.
2. Kartoffeln und Möhren schälen, würfeln und waschen. Reis gründlich waschen und mit den Gemüse in den Topf geben. Mit Salz, Pfeffer und Gemüsegrundstock würzen.
   15 Minuten köcheln lassen und öfters umrühren.

3. In der Zwischenzeit das Rindergehacktes würzen und Kugeln daraus formen.
4. Nach 15 Minuten in die Suppe geben und weitere 25 Minuten köcheln lassen, dabei öfters umrühren.
5. Nun noch die Petersilie waschen, klein hacken und zum schluss über die Suppe streuen.

Diese Suppe könnt Ihr z.B. mit Lauch, Rosenkohl, Blumenkohl, Brokkoli usw. verändern! So wird diese nie langweilig!

Rezept 14
Dinkelnudeln mit Paprikasoße

- 250g Dinkelnudeln
- 3 rote Paprika
- 100ml Kochsahne
- ½ TL Paprika edelsüß oder nach Geschmack
- Tafelsalz und weißer Pfeffer nach Geschmack

Zubereitung:

1. Dinkelnudeln nach Anleitung in Salzwasser zubereiten.
2. Paprika waschen, halbieren, entkernen und in viertel schneiden.
3. Paprika in einen Topf mit kochenden Wasser übergießen bis alle bedeckt sind und 10 Minuten ziehen lassen.
4. Paprika aus dem Wasser nehmen, kurz abkühlen lassen und die Haut abziehen.
5. Die enthäuteten Paprikastücke in einen Mixer oder mit einem Stabmixer fein pürieren.
6. Bei niedriger Hitze ca. 10 Minuten köcheln lassen, dabei die Kochsahne unterrühren und mit den Gewürzen abschmecken.

Auch mit Fleisch sehr lecker.

Rezept 15
Hähnchen-Spieße

- 200g Hähnchengulasch
- 1 rote Paprika
- 1 gelbe Paprika
- 1 weiße Zwiebel
- Spieße
- Rapsöl
- Tafelsalz, weißer Pfeffer und Paprika edelsüß

Zubereitung:

1. Hähnchengulasch in mundgerechte Stücke schneiden.
2. Beide Paprika waschen, entkernen und in mundgerechte Stücke schneiden.
3. Zwiebel schälen, waschen und in mundgerechte Stücke schneiden.
4. Alles Zutaten aufspießen und mit den Gewürzen bestreuen.
5. In einer Pfanne mit Rapsöl anbraten.

Dazu passt ein Salat oder auch Reis mit der leckeren Paprikasoße!

Rezept 16
Kohlrabi-Möhren-Eintopf

- 300g Kohlrabi
- 300g Möhren
- 500g Kartoffeln
- 800ml Wasser
- 250g Rindergehacktes
- 200g Creme fraiche
- ½ Bund Petersilie
- 2 TL Gemüsegrundstock
- Tafelsalz, weißer Pfeffer

Zubereitung:

1. Rindergehacktes zu kleinen Hackbällchen formen und in einen kleinen Topf 10 Minuten köcheln lassen.
2. Kartoffeln, Möhren und Kohlrabi schälen, in mundgerechte Stücke schneiden und waschen.
3. Das klein geschnittene Gemüse in einen großen Topf geben und mit 800ml Wasser aufgießen.
4. 2 TL Gemüsegrundstock dazu geben.
5. Das Gemüse für 15 Minuten köcheln lassen und dabei regelmäßig umrühren.

6. Creme fraiche vorsichtig unterrühren. Unter ständigen rühren 5 Minuten köcheln lassen.
7. Die Hackbällchen dazu geben und weitere 10 Minuten unter ständigen umrühren köcheln lassen.
8. Petersilie waschen und kleinhacken.
9. Mit Salz und Pfeffer würzen und zum Schluss die Petersilie über den Eintopf streuen.

Statt Gehacktesklößchen,
könnt Ihr auch
Rindersaftschinken
dazu geben! Oder wie auf den
Bild oben ohne Fleisch essen!

Rezept 17
Kürbis-Kartoffel-Gulasch

- 300g Rindfleisch
- 200g Hokkaido Kürbis
- 200g Kartoffeln
- 50g Creme fraiche
- 230ml Wasser
- 2 TL Speisestärke (Maisstärke)
- Rapsöl
- 2 TL Gemüsegrundstock
- Tafelsalz, weißer Pfeffer, Paprika edelsüß

Zubereitung:

1. Rindfleisch in mundgerechte Stücke schneiden und in einen mittleren Topf mit Rapsöl anbraten.
2. Kürbis schälen, klein schneiden, waschen und zum Fleisch geben.
3. Kartoffeln schälen, klein schneiden, waschen und mit in Topf geben.
4. 2 TL Gemüsegrundstock dazu geben.

5. 200ml Wasser in den Topf gießen und 20 Minuten unter regelmäßigen rühren köcheln lassen.
6. 30ml Wasser in eine Tasse geben und die Speisestärke einrühren.
7. Speisestärke zum Gulasch geben und 10 Minuten weiter köcheln lassen.
8. Creme Fraiche langsam unterrühren und weitere 5 Minuten köcheln lassen, dabei ständig rühren.
9. Mit Salz, Pfeffer und Paprika edelsüß würzen.

Wer zartes Fleisch möchte, sollte Filet kaufen. So wird das Gericht um einiges leckerer!!

Rezept 18
Putengulasch mit Lauch

- 300g Putengulasch
- 500g Dinkelnudeln
- 250g Lauch
- 100g Creme fraiche
- 200ml Wasser
- Rapsöl
- 2 TL Gemüsegrundstock
- Tafelsalz, weißer Pfeffer, Paprika edelsüß

Zubereitung:

1. Dinkelnudeln nach Packungsanweisung zubereiten.
2. Putengulasch in einen mittleren Topf in Rapsöl anbraten.
3. Lauch in dünne Ringe schneiden, waschen, zum Fleisch geben und 5 Minuten mit anbraten.
4. 2 TL Gemüsegrundstock dazu geben.
5. Wasser in den Topf geben, alles zusammen für 15 Minuten köcheln lassen und dabei öfters umrühren.
6. Creme fraiche langsam unterrühren und weitere 10 Minuten unter ständigen rühren, köcheln lassen.
7. Mit den Gewürzen abschmecken.

Auch mit Rindfleisch und Hühnchenfleisch sehr lecker.

Rezept 19
Kartoffelsuppe

- 250g Rindersaftschinken
- 400g Kartoffeln
- 150g Möhren
- 150g Lauch
- 20g Butter
- 100g Kochsahne
- 100g Creme fraiche
- 500ml Wasser
- 2 TL Gemüsegrundstock
- Tafelsalz und weißer Pfeffer
- ½ Bund Petersilie

Zubereitung:

1. Rindersaftschinken in kleine Würfel schneiden und in einen großen Topf in Butter anbraten.
2. Kartoffeln und Möhren schälen, klein schneiden, waschen und zum Schinken geben.
3. Lauch in dünnde Scheiben schneiden, waschen und auch dazu geben.

4. 2 TL Gemüsegrundstock dazu geben.
5. Wasser dazu geben und 20 Minuten köcheln lassen, regelmäßig umrühren.
6. Kochsahne nun dazu geben und weitere 10 Minuten köcheln lassen.
7. Creme fraiche langsam einrühren und 5 Minuten unter ständigen rühren köcheln lassen.
8. Mit Salz und Pfeffer abschmecken.
9. Petersilie waschen, kleinhacken und über die Kartoffelsuppe geben.

Diese Kartoffelsuppe könnt Ihr, mit anderen Gemüsesorten abändern.
Ich hab z.b. auch gerne Rosenkohl mit in der Suppe!

Rezept 20
Spaghetti mit Schinken-Lauchsoße

- 500g Dinkelspaghetti
- 200g Rindersaftschinken
- 400g Lauch
- 30g Dinkelmehl
- 500ml Mandelmilch
- Rapsöl
- 2 TL Gemüsegrundstock
- Tafelsalz, weißer Pfeffer

Zubereitung:

1. Spaghetti nach Anleitung zubereiten.
2. Schinken in kleine Würfel schneiden und in einen mittleren Topf in Öl anbraten.
3. Lauch in dünne Scheiben schneiden, waschen und 5 Minuten mit anbraten.
4. 30g Mehl dazu geben.
5. 2 TL Gemüsegrundstock dazu geben.
6. Mandelmilch in den Topf geben und 25 Minuten unter regelmäßigen rühren, köcheln lassen.
7. Mit Salz und Pfeffer abschmecken.

Kann man auch ohne Schinkenwürfel essen.

Rezept 21
Kirscheis

- 300g Kirschen TK
- 100g Sahne
- 60g Zucker

Zubereitung:

1. Zucker in einen Mixer geben und pulverisieren.
2. Gefrohrenes Obst dazu geben und zerkleinern. Bis das Obst klein genug ist und es wie eine Paste aussieht.
3. Sahne dazu geben und unterrühren bis ein cremiges Eis ensteht.

Jedes Obst was für Euch verträglich ist, könnt Ihr für euer Eis nehmen.

Rezept 22
Kartoffelchips

- 1kg Kartoffel
- Rapsöl
- Tafelsalz

Zubereitung:

1. Backofen auf 120 Grad, Umluft vorheizen.
2. Kartoffeln schälen, waschen und in dünne Scheiben schneiden.
3. Die Scheiben in Rapsöl tauchen, auf das Backblech verteilen und bei 120 Grad Umluft, 50 Minuten backen lassen.
   Regelmäßig konrollieren, da einige schneller braun werden als andere.
4. Nach 25 Minuten die Chips wenden und noch mal in Rapsöl tauchen.
5. Nach den 50 Minuten, den Backofen auf Oberhitze stellen und unter ständiger Kontrolle die Chips fertig backen lassen.
6. Fertige Chips mit Salz bestreuen.

Gern auch aus Rote Beete zubereiten. Dazu Frischkäse mit Lauchzwiebeln oder pur.

Rezept 23
Gemüsestreifen

- 250g Kartoffeln
- 250g Möhren
- 250g Rote Beete
- Rapsöl
- Tafelsalz

Zubereitung:

1. Backofen auf 120 Grad, Umluft vorheizen.
2. Gemüse schälen, in dünne Streifen schneiden und waschen.
3. Gemüse in Rapsöl tauchen und auf Backblech verteilen.
4. Gemüsestreifen 40 Minuten backen lassen und regelmäßig nach schauen.
5. Nach 20 Minuten wenden und notfalls Öl drüber geben.
6. Zum Schluss mit Salz bestreuen.

Dazu schmeckt der einfache Eisbergsalat.
Ihr könnt die Streifen aber auch in den Dip tauchen oder pur genießen.

Nachwort

So, liebe Leser, wir sind nun am Ende dieses aufregenden Abenteuers angekommen. Ich hoffe, ihr konntet lachen, schmunzeln und vielleicht auch das eine oder andere Rezept nachkochen.
Es ist schließlich kein Kochbuch, wenn man nicht auch die Schürze anlegt!

Mein Weg ist natürlich noch lange nicht zu Ende.
Es gibt noch viele Geschichten zu erzählen, marodierende Küchenkatastrophen zu bewältigen und zahlreiche Rezepte, die darauf warten, entdeckt zu werden.
Aber keine Sorge, das ist alles für ein anderes Buch.
Denn wie sagt man so schön?
"Der erste Aufguss ist immer der beste, aber der zweite schmeckt noch besser!"

Diese Rezepte sind erst der Anfang, das erste Kapitel meines kulinarischen Tagebuchs unter den Vorzeichen der Histaminintoleranz.
Der erste richtige Urlaub mit dem "neuen" Ich steht vor der Tür, und ich kann kaum erwarten, euch zu erzählen, wie ich beim Stress den kühlen Kopf behalte.

“BONUS“

Für alle, die dieses Buch gekauft haben, gibt es ein kleines Dankeschön!
Ihr bekommt die Möglichkeit, mir eine E-Mail zu schicken, um zusätzliche Rezepte und kleine Geschichten zu erhalten. Ich verspreche, die Rezepte sind genauso lecker wie die, die ihr bereits nach kochen konntet.

E-Mail: herzmaus@mail.de

Was Ihr dafür machen müsst: Schickt mir ein Bild vom gekauften Buch bei euch Zuhause und schon kommt ihr auf meine Liste für weitere Rezepte und Geschichten!

Also, schnallt euch an, denn die Reise geht weiter! Und vergesst nicht: Das Leben ist zu kurz, um nicht mit Humor und einem großen Löffel voller Freude, das Leben zu genießen.

Vielen Dank, dass ihr ein Teil meiner Geschichte seid. Auf bald bei den nächsten kulinarischen Abenteuern!